UNA SELECCIÓN CON AMOR PARA ELENA

Juan Calero Rodríguez

A Elena Muñoz de la Torre, a su generosidad

Podré salvarme del canto de sirenas y otras manías,
pero no de la esquizofrénica orfandad si no soy el que quise.

ABISMO INFINITO

A Juan Calero Rodríguez

La eternidad deja de existir cuando la vida se vuelve escombro.
No encuentro, lo sé, absoluciones para las lamentaciones:
desnudarse es entrar descalzo a las aguas del cielo, ver la claridad
anticipada, morder los calcetines de la noche,
imaginar pasajeros con arco iris indelebles, masticar los insectos
del acantilado, lamer las urgencias de los tobillos,
sudar la mano en medio del musgo hasta encontrar la sintaxis
de los ríos desvelados.

Claro que existen velámenes masticados por caballos de nocturno
escapulario, mares ignotos en la tinta del cuaderno, y demonios,
de pronto, convertidos en héroes.
A menudo, me resisto a la hora cero de las tejas: siempre la paradoja
de las puertas es un dardo en las sienes;
la hoguera de la historia consume en su anónimo espejo,
el resuello hondo de quien nunca regresa, después de caminar
sobre los rieles de saliva, en el último suspiro de los espejos,
la promesa difusa del invierno que nunca se cumplió,
pese a los ayunos y al libro blanco del sobrevuelo de los ángeles.

(Al final, la vida es así: el tiempo también cambia las palabras y pañales;
el hollín, se ha vuelto madera en desuso,
las aguas de los genitales un día serán cenizas y no habrá quién
los reconozca sobre la mano deshojada, —no habrá quien
reconozca la fantasía, si acaso, la fatalidad desterrada,
hecha crepúsculo. O el despojo irreconocible del exilio.)

Jamás me he fiado de la proeza del gotero, ni siquiera del extravío
que de pronto nos puede parecer un manantial:
de un día a otro, la alegría se convierte en pañuelos noctámbulos;
y la cocina, en mueca de afinidades,

en oculto cofre para hacer de cada página una lápida de oprobio.

Acontecen abismos como la rama seca que cuelga de los párpados;
sin cábalas, se perdió el misterio,
el infinito de los litorales, el despertador de medianoche,
el sueño respirado bajo la sábana, el aliento de la lluvia.

Hay días donde las cebollas hacen lo suyo: días de muertas escamas,
paisajes sin alcoba y ventanas, arroyos de cipreses caídos,
bocas de intrusos ajos, diásporas,
hamacas rotas del reloj innombrable, sótanos donde se consumen
las antorchas, —el yo y el otro yo, escuálidas imágenes de ataúdes
a dos manos con el follaje.

(Cuando invocamos el desayuno, se cierran las persianas de las palabras:
salta el túnel de las paradojas como un campo insular de batallas;
desde luego, el eco de andamios y malecones atiza las funerarias,
este no llegar nunca a puerto, por más que se sude y enciendan
las lámparas del gozo: así recuerdo que la mesa es una paradoja;
la sombra, y la luz a la que se aferran las palabras.)

Al otro lado del mar la espuma amarilla de la deshora, mientras brota la escollera
mojada de luciérnagas.
Mientras, el estío del litoral se harta la nostalgia y la lucha.

André Cruchaga

EL PRIMER AMOR

En el mástil donde ondean desavenencias
pernoctan herramientas silenciosas.
Ahora que todo se vuelve demasiado tarde,
tan largo como una cuerda extendida
con sus brazos abiertos y pestañas húmedas,
mientras allá, en esa orilla de continente, se duerma
vestido de otoño. Ya nunca más la frágil inocencia,
la eternidad nos amenaza cargada de pasados.

Ya no más pétalo al viento,
Pegaso jadeante, si fueras la esperanza
del perseguido y la otra cara del migrante
con los ojos colgados de una tremenda soledad
bajo la lluvia. Cuando llueve
de manera tan intempestiva, todo huye
hasta la sombra de un fornido árbol
donde ella cuelga su vestido de flores pequeñitas
y su mirada triste de repasar la vida.

PASAJERO SIN OFICIO

> Yo debí ser un par de garras melladas
> escabulléndose en los lechos de mares silenciosos.
> T.S.Eliot

Siento gritar la ciudad desde un mundo sin oídos, aún pago alquiler por estas calles.
Dentro hay un extranjero que batalla mientras impacienta la muerte a vivir sin más

        harapos los días de otros.
Cada cual tiene su tiempo, su estancia, su huella, súbdito de dioses. A fin de bendecir el

           mundo.
Contra el tiempo no valen compresas de lava ni sismos donde se violen trampas de

         colores más brillantes.
El tiempo anda hirviendo en sus calderas de hierro, la vida es una raza que se extingue
y somos este siglo de esperma sin que llueva polvo al paso de los cometas.
He pasado agosto por todas partes zurciendo precipicios, perdido por alguna grada,
desde entonces septiembre sabe a fin de vacaciones y cocino mis propios viernes.

Venderse como emigrante resulta más barato que prófugo, ser cómplice y asesino a la

            vez.
La ciudad muestra todas las máscaras, no regala ni el viento de algunos segundos,
las calles han perdido sus nombres y ahora tienen un número colgado al cuello,
alineadas fríamente.

Esta esquina trae la muerte de cuatro compañeros y una muchacha.
Frente al cine se reúnen otros amigos, nadie me conoce,

nunca he rezado en altares de dioses, jamás fiestas de dioses, siempre ajeno a una

          guitarra.

Converso con cuadernos llenos de vergüenza por sus poemas, las integrales no me han

         resuelto ninguna dificultad.
Ni reflectores ni cámaras han jugado la exclusividad de verme vencedor de gladiadores

           enemigos.

Acorralado por los días he tenido vicios, lo confieso, como confieso aquí mi testimonio,
                                    y mi sangrar, el lóbulo convexo de un ojo.
La ciudad se destierra con un balazo, cientos de hombres deambulan oxidándose en
                                    busca de una lengua herrumbrosa,
mi lengua es la escoria de cada pecado intacto y yo, como un desastrado más
                                    reduciéndome, un mediocre casi moribundo.
Lenta, fríamente, cual gota de suero, la soledad desgarra y nos aniquila plácidamente.
Todos los dioses tienen un hijo bastardo. Soy ese, sin dios.
Me descalabro, caigo por este despeñadero árido,
detesto el olor a sangre y la llevo caliente, comprime el cansancio
entre la cintura y el pavimento.

Caigo entre materiales de desecho, erosiones del ocaso sostenido por profundidades
no obstante, exijo de mis pulmones, de mis propias fermentaciones
y arranco cada ventosa prófuga de llagas por el manoseo, por las dudas, por el hombre.

Doy miedo, siento náuseas, deliro, jadeo y vomito buches de ansiedades,
huelo a la porquería de mi vientre, las uñas se derriten, ahoga tanto la impotencia,
la fiebre hace flotar, la mugre nos mantiene húmedos. Miro durante un largo episodio,
hago rechazo, extraviado, entre tanto espacio y cada vez más lejos.

Esta no es la muerte, ésta no es mi muerte,
me repugno, este cuerpo es una gota de pus maloliente,
apenas un gemido sediento de locura.
Tengo que matar este venado, se come las lilas.
Endurece las venas, intoxica, engulle el aliento, no necesita espátula, aceite, ni óleo
donde hacer espuma la nostalgia de otras tardes.
Esconde la vergüenza por los confines de las viejas estaciones.
Hacer el amor es descargar el inodoro, si no mato este venado se come las lilas.
Pido permiso para cruzar este celaje desnudo entre palabras, huir a la certidumbre por
                                    fulminantes navíos, herrajes de silencio y resumen.
Pido permiso por amaneceres amontonados entre generaciones salvadoras en jornadas
                                    festivas.

Soy ese hombre acorralado por la ciudad acorralada. No teman por mi proceder,
el azar es un perro que todos llevamos dentro sin domesticar
y sólo falta un chasquido de dedos para que huya despavorido.

Y me digo yo, Juan sin oficio, mediocre por leyes de dioses, adoradores de ídolos,
pasajero diario de este útero de Tierra por no asistir a otra empresa, mediocre de qué,
hay que comenzar de nuevo, cada jornada un párrafo, la página perdida.

Me sacudo de ruinas, muerdo venas para no gritar, escarbo recuerdos a puñados
hasta sanar lo que escribo y limpio de toda luminosidad, salgo de entre las palabras
y renazco. Vuelvo a contemplarme acosa el hambre pero aún me sostiene la luz,
conservo un susurro fatigado que me desnuda de viejas maderas.
Yo, un ansioso de la suerte por enésima vez, abro los párpados para buscarme
detrás de los ojos, sentir un desgarro, una evidencia,
esta lengua arrastra un atroz apetito.
Voy acercándome a la rabia, cruzo la línea inflexible del horizonte
y salgo por el proscenio.

De Palabras del balsero, 2007, Ediciones Alternativas. España.

CHARLOT

¡Charlot, si le dieras un zapatazo al mundo...!

Si de repente alzara vuelo la noche desde el estómago del mar
pero continúa hipnotizado aquí en mis pulmones
donde vienen a beber los pájaros.
O si de repente alzara vuelo el mar desde mis pulmones
como una paloma más
y la noche se ahuyentara dejándome sin nada.
O si fuera esa peregrinación de banderas desatadas
hasta la altura de un cañonazo que se encoge de hombros
hablara ecos
alimentara el clima de recuerdos
rezara el orgullo de cien naufragios
y me visitara la Virgen María.

Si el mundo como todo el mundo fuera mundo
y no esa pompa que cambia de dueño...

De Palabras del balsero, 2007. Ediciones Alternativas. España.

MARILYN

Yo, Thomas Noguchi, médico forense
cotizado por gladiadores del Universo
ante este semidiós de la mitología contemporánea
desnuda sobre una mesa fría común a todos los muertos
declaro:
Norma Jean Baker. Treinta y seis años

ciento diecisiete libras
con estómago limpio de barbitúricos
y útero tamaño natural sin temores
amado desde los nueve años
por un padrastro innoble
hasta el presidente más poderoso
por supuesto nombrado y respetable John F. Kennedy

precipitada a la confianza
burlando vértigos y lluvias
ingenua, cosmetómana, narcisista
torpe frente a la soledad
indisciplinada y maravillosa

perdida en alguna grieta bastarda
ebria de autógrafos y tranquilizantes
con casi kilogramo y medio de cerebro
pulmón derecho pesando cuatrocientos sesenta y cinco gramos
y corazón deseado por millones de hombres

tuvo de todo, menos la vida.
Ella que soñó reinar desnuda
entre aplausos en alguna iglesia
hoy soy su público
y la poseo sin fotógrafos.

Declaro:

Caso forense No. 81128

fue asesinada

por sus fieles admiradores.

Apaguen reflectores. Ha muerto la reina.

De Palabras del balsero, 2007. Ediciones Alternativas. España.

CONFESIONES DEL BALSERO

1

Yo, no más que el balsero

hijo de mi padre,

hijo también de estas islas

acostumbradas a la emigración

donde unos piensan solo en trabajar

mientras para otros no existe la razón suficiente.

Confieso que todo depende de repicar campanas por el pecho

el repicar de campanas y los dedos largos de la noche

que se afanan por desconocerlo.

He aquí el reverso del agua, la corriente.

He aquí la oscuridad murmurante

encharcada, inconmensurable, inconmovible.

El grito extenso y lleno de sed viaja por ciudades remotas

la hoguera de párpados tremendos confiesa tener dudas

y el canto que no ha existido jamás

apenas un dedo de nada

vuelve lleno de miedo

sin entender

el extremo más ecuatorial del destino.

El inmigrante no vuelve. No es ventura

resucitar con los bolsillos manchados de humedad.

Emigrar es nacer un poco más tarde

y todos estamos dispuestos a ser otro

por dejar de ser inmigrante

hasta romper los nuncas

con la urgencia del que no quiere morirse.

2

Destino, perro mío

por qué quieres salirte del pecho

si afuera todo es mortal.

Ábreme las puertas, soy el campanario

me quedo sin palomas.

He hablado de ti, pidiendo mordidas de peces.

Muchas veces hablo, como ahora

las campanas suenan tan dentro, oh alcatraz, que he rezado

por la raza de los martes.

Escoge una larga pausa donde ahogar la rabia

invita a la lluvia por los charcos de la ciudad.

Desata remolinos, furias o caracolas.

Es la hora de levantar los oficios.

Bien sabes que el día con sus límites

se esconde por tus cabellos encendidos.

Perdona tal vez esta flaqueza si digo

«vuélvete, toma tu migaja

y sálvame de estas cuatro auroras boreales

pariendo en el ala del sombrero».

Poco importa ya la tibieza de alguna máscara

si canto sobre las paredes del silencio.

Seas tú, el mundo no es quemarse los dedos

improvisando un himno condenado

que dispersa sus cenizas

sin volcarse en otro nuevo testimonio.

De Palabras del balsero, 2007. Ediciones Alternativas. España.

DESARRAIGO

Cada vez que me acerco al sur, los sábados

me saben tan vacíos sin tus pies

desnudos por todo el bosque de mi pecho.

Sin tu pelo de peces entre mis manos

de corales tibios, mediodías

y pequeñas naturalezas muertas.

Si pudiera apagar el sol

y que todo se vuelva como antes.

Mira, con mis brazos

hasta puedo atrapar la vida.

He sido dueño del océano.

He calmado la sed desde lo profundo de un acantilado

y me detengo en medio de unas ganas locas

porque la vida me estalla como la risa de un niño.

Será bueno detener los recuerdos.

Familias enteras columpiándose.

Calles desiertas sin arrepentirse

O los cuentos extendidos por la playa.

Los lirios de la abuela.

De un amigo.

De allá.

De Palabras del balsero, 2007. Ediciones Alternativas. España.

TRENES QUE PASAN SILENCIOSOS DE NOCHE

Nadie imagina cuánta desventura se vuelve

hurgar pocos de tiempo, desgajarse en memorias.

En el preciso, casi maldito momento

cuando no pueda más

debo abrirme en dos, que huyan, locas

las pequeñas bestias

para alcanzar los cielos.

En este pedazo de mundo

donde todo parece posible

hasta las aves olvidan

porque olvidar es cosa de todos

mientras alguna estación curiosa reserva colinas

para que los amigos regresen a la niñez.

Nadie debe estrellar la voz,

diluir su oficio bueno

como si aquellos ritos fuesen incinerados

entre la piel y el vacío

ahora que me reviento las venas

para no delatar el horóscopo del alma

mientras me engaño hasta el infinito

esperando un destello, cualquier cosa

menos otro cuento de hadas

que borre aquellas tardes

aquel trozo de nada

por las viejas calles de La Habana.

De Palabras del balsero, 2007. Ediciones Alternativas. España

EL LOBO Y EL CIRCO

Madre yo no soy la fiera del circo que aparenta dormida.

Tú que conoces todos los instantes del equilibrio

recuérdame el nombre, la fecha de los auxilios. Los accidentes.

Ahora que confundo el hilo de los recuerdos

y el correo niega hasta el último de los mensajes.

Todos los días abro los brazos

como un agujero así de grande

por donde se me escapa un montón de cosas.

Cada uno inventaría sus puentes para saberse loco

mientras yo solo reclamo una llanura para mis peces atrapados.

Sé que debo luchar. Perdona mi falta de fe

si en este instante suenan débiles mis palabras.

Si tuviera al menos la incomprensión

pero ni tus súplicas al cielo hacen trampas.

Nadie tiene la culpa,

el mundo no puede cobijar más excepciones.

Vivimos tan llenos de rencor

que ya no quedan simulacros a la venta.

Cada jornada es la página perdida

no la última de consignas y discursos.

De Palabras del balsero, 2007. Ediciones Alternativas. España

Nada es tan matemáticamente tarde para indicar el mejor camino.

EL AUXILIO DEL PASTOR

El pastor acaricia el salto desde la cumbre
para volar como el olvido
burlando riscos y veredas
con la lanza dura flexible
y la punta de hierro.

Arranca el auxilio
con el menguante de septiembre
cuando baja la marea
y también la savia del pino.

Siempre a medio andar
el cospe, entre el aire y la tea
antesala del corazón duro
la que resiste incendios y perrerías.

Mata las esquinas. Destroza los nudos.
Redondea la vida en el sentido de la veta.
El pesebre, aguarda en la techumbre del pajero
la paciencia de los nueve meses de gestación.

De un pino que creció para bailar al viento
nace la lanza dura y flexible
y la punta se vuelve punta
con un cuerno de carnero
endurecido al fuego.

Ya el pastor emprende el salto desde la cumbre
vuela como el olvido

burlando riscos y montes

con la lanza dura y flexible

y la punta de hierro.

De Pasajero sin oficio, 2010 Ediciones Alternativas. España.

El viaje, de ida, siempre.

EL VINO, LA SANGRE DE LA FIESTA

El vino hidrata y suaviza el alma,
adormece las preocupaciones

Sócrates

Un par de tradiciones anuncia el cortejo
viejos ritos del lagar y las pipas en la bodega.

Ordena el timple desatar las cuerdas.
Sobre el jolgorio se arma la parranda
todos súbditos del canto alegre
pámpanos y sarmientos se agregan a la cepa
y cualquier picoteo es el mejor manjar.

El vino, el jugo de la vida, la sangre de la fiesta.
Fuego de la hoguera, brote del volcán.
Seduce sonidos, texturas, olores.
Corre por las gargantas la esencia del día.

Es vicio, es consuelo, remedio y motivo.
Pero qué tiene el vino para calentar el invierno
ya sea espumoso, dulce, blanco, amargo, tinto
si desde los albores disfrazó al árabe y al persa

servido en cualquier idioma
nivela todas las mesas
desde la aristócrata hasta el más modesto bar
al cobarde envalentona y al pobre reina.

Pero cuidado, al vértigo liberado desnuda
y baila frenético su arrebato con sensual lujuria.
Es campo fértil, embriagador,
inexplicable, atrevido.

En un tiempo que corre más deprisa

sutil alguien evoca endechas otras historias

antes de que los caminos, los de siempre

vuelvan a ser rumbos y certezas

naciente pleamar desde la cumbre hasta la orilla

mientras la aurora en su túnica blanca

con su sabio deber cotidiano

apaga las esquirlas con sus pies florecidos.

De Debajo de los portales del Niágara, 2013 Editorial Voces de Hoy, Estados Unidos.

MAÑANERO

Despertar con tu piel es un paseo por los campos de mi país
dulzura de maíz tierno tejido entre guayabos perfumados.
La humedad de tu ciénaga evoca los exordios mejor guardados
y absorbo toda la frescura de la mañana que penetra
entre los balaustres de la ventana
envuelta con el ir y venir de locos retozos al viento.
Ráfagas desvelando versos saltos de agua
colores de lo que doy lo que queda
de aquel muchachito buscador de aventuras.

Los rizos de la piel toda enajenada por el huracán de mis labios
luce su cadencia de carnaval mestizo por el malecón habanero.
Sudor y ritmo de conga callejera. Ritmo y sudor contagioso.
Lujuria voraz. Desorden. Espiral de frenesí.
Explosión de fuegos de artificio sobre El Morro
erguido en la boca estrecha de la bahía.

Apagar esta hoguera es todo un pecado mortal
delirio negando los roces del infierno
no importa si a fuego lento, muy lento,
exhausta, apenas, sin nada más volver
a descansar la coda sobre las cenizas del fuego
sediento como baños al sol por los campos de mi país
que penetra entre los balaustres de la ventana.

De Debajo de los portales del Niágara, 2013 Editorial Voces de Hoy, Estados Unidos.

NOSTALGIAS

Hoy he vuelto a lo que fue mi casa
pero no pude entrar.
Está llena de recuerdos.
A las puertas está mi país,
mi ciudad, mi pueblo, mi vida, mi mundo
sin poderlos habitar.
Ya no me pertenecen.

De Debajo de los portales del Niágara, 2013 Editorial Voces de Hoy, Estados Unidos.

lo que está vedado en los seres humanos, lo directo hiere

Elena Muñoz

HAMBRE

Tierra tan solo, Tierra*
sostén por esos imaginarios rumbos
del destino o la suerte. Amarga, estéril.
Cuando uno está hambriento aprieta los dientes.

Rechina de impotencia su caudalosa cicatriz
por no masticar los motivos aparentes.
Pregúntale al que estrelló sus cruzadas
a bocajarro contra los cartones en la acera.

No siente nada más, sólo siente
hambre tan solo. Hambre.
Y se miente. Y se rompe los nudos
hurgando entre las horas
sin esperanza ni azar.
Los sueños quedados por cumplir
de la infancia y aquellos amados momentos.

Este mundo está falto de eso
más fuerte que el olvido.
Amor tan sólo. Amor.

*Federico García Lorca

De Los 200 poemas. Homenaje a Federico Gª Lorca, 2013, Artgerust. España

CANTO A ALGUIEN DE NOSOTROS

A Pablo de Rokha, en su 120 aniversario

Dígame, poeta, qué puede sentir

durante tantos años, alguien de nosotros.

No lo pregunto por alguna extraña razón

la razón, cuando menos, resulta extraña.

El corazón, siempre termina empecinándose

donde más duele, por los golpes del pasado.

Vivimos, a contracorriente

a expensas de almacenar aguas.

Vencer esa similitud abandonada

en que todo es atadura

mientras la recompensa

no encuentre su camino.

He aquí el reverso, la corriente.

La realidad nos muestra como piezas difíciles de encajar.

El desencanto jamás ha sido voluntario en la oscura noche

donde calla el agua y se hunde el olvido. Lo sabemos.

Por eso, marchamos en busca de una luz que nos cobije.

Perdura el dolor de todos los amantes de la poesía

lejos del arcoíris, donde frenéticamente, nos deja marcado.

Si encontramos cipreses, entre días soleados

culpemos, pues, a los poetas necesitados de soledad.

Cada uno vive la suya y despierta a la vida

cuando llega el poema que debió escribir antes.

Entonces, no valen refugios

despreciamos hasta el más allá de la nada.

Surge el reto. La vida ofrece retos y no siempre los asumimos.

Como mortal, a veces me pasa y prefiero dejarlo todo
no seguir pensando.

Usted conoce el equilibrio. Recuérdeme, pues
el nombre, la fecha de los auxilios. Los accidentes.
Ahora que confundo los recuerdos e inocentemente abro los brazos
como un agujero así de grande donde escapan un montón de cosas.
Soy su discípulo y me muestro desnudo
hasta el último de los mensajes.
Cada uno inventaría sus puentes para saberse loco
mientras sólo reclamo una llanura para mis peces atrapados.

Somos donde las letras se inscriben por las paredes.
Admito, no fuera siempre igual. Nos conformamos con el ángel
mientras otros prefieran marcharse, sin enseñarnos a volar.
Ingrata es la soledad que da miedo, sin encajar estrellas fugaces.
Todas conducen a callejones solitarios.
Así nos convertimos en coleccionista de historias
ávido de pájaros presos, en pleno vuelo.

Los amigos se enrocan entre cuentos y novelas
más allá del espíritu, de las cosas.
Hablemos, pues, por ellos, por los otros
espliegos desconocedores de palabras necesarias
la palabra precisa y quedan, apenas, balbuceando.
Para filosofar, necesitamos tiempo
a través de esos pedazos, que a la muerte le sobra.
Una manera de entender el tránsito breve de la lluvia.

Verdad, Maestro, nunca aprenderemos lo suficiente.
Somos maniquíes de cualquier prostíbulo.
Ese olor a musgo, que guarda el semen mojado
los cruces de cualquier calle
como tinglados soportando la vida.

Inventariamos autores desconocidos
como el lento devenir que ofrece el viento
donde conduce a ratos, la tristeza.
Todos negamos nuestras razones suicidas
hasta que nos toca serlo.

Maestro, usted ha visto esas botellas
cómo disparan su bostezo, girando en pos del destino.
Es la hora de levantar los oficios, dejar cada uno su huella.
La historia la escriben los vencedores.
Lleva su riesgo y nos soborna.

No quiero extenderme, sé que debo luchar.
Perdone mi poca fe, si en este instante
suenan débiles mis palabras.
Si tuviera al menos la incomprensión pero ni las súplicas hacen trampas.
Nadie tiene la culpa, el mundo no puede cobijar más excepciones.
Ya no quedan simulacros a la venta. Cada jornada es la página perdida
no la última de consignas y discursos.

Acosa el ímpetu. Sabemos que no es pródigo detener el destino.
Gusta de paradojas, de dioses en desbandada
cerca de esos rostros de la suerte. Amarga, estéril.
Por eso, me gustaría morir entre las dunas del tiempo.
A solas, como un japonés antiguo.
Clavar el inmenso poema sin creer de verdad, donde nadie pregunte
hasta mañana, más allá de la nada, qué hacer con la mano
por no atreverse a romper el adiós.

De 120 poemas para Pablo de Rokha, 2014, Askasis. Chile.

El mayor solitario es el que tiene miedo de amar,
el que tiene miedo herir y de herirse,
el ser casto de mujer, de amigos, de pueblo, de mundo.

Vinicius de Moraes

CORCELES AJENOS

A Abián Lázaro

Si por descuido pisas mi muerte, no temas, sólo son ruinas.

Prefiere las opciones de los sentidos,

los silencios que tanto cobijé.

Ya lo ves, he sido poco, como nadie es suficiente

sólo un aleteo del sueño antes de volverse pesadilla.

Si por descuido pisas mi muerte, es porque huyes

de los arcángeles que amagan el alma.

Son sólo eso, corceles ajenos.

Pronuncia quizás mi mejor mediocre poema

para que no muera como el dueño.

Serás el faro que alumbra a las golondrinas.

Si por descuido pisas mi muerte, no me abandones.

Recorre las calles que tanto deseé

y vuelve a las que transitaba sin remedio

para acariciar el mar y la brisa de un gato

porque he sufrido y amado en tu nombre.

Y si por una de esas casualidades te olvidas de mi vida

no pises mi muerte.

De Poetas cubanos en Canarias, 2015, La Gueldera. España

PADRENUESTRO EN EL EXILIO

Patria nuestra que estás tan lejos
martirizada
no solo en ese rincón del mapa
donde un soplo huracanado te borre
manoseada por tantos sin escrúpulos,
sino lejos de la borrasca del recuerdo.

La historia se narra con crímenes
de guerras y prevaricaciones
por los hijos malparidos,
venganza entre hermanos
y vecinos en tu nombre.
Tantos muertos.

Los que por voluntad nos dispersamos de tu reino
nunca olvidaremos las venas de tus calles.
Nos pusiste nuestro pan bajo el brazo
y salimos a sembrar nuevas tierras.

Las olas generacionales huyen de ti
y como aves en invierno, volveremos a tus costas
con otros rostros y otras huellas.
No lo dudes, volveremos.

Perdona el precio de la felicidad
como nosotros perdonamos
quienes nos ultrajaron
y quemaron nuestro sueño.

Aquí tejemos el mestizaje entre pueblos

en una sola bandera y como voz un único himno.

Agua materna, no somos hijos mal avenidos

y perdónanos por siempre. Amén.

De Poetas cubanos en Canarias, 2015, La Gueldera. España

…se acorta todo el tiempo y si uno lo malgasta
siente que ha cometido un pecado para el cual no hay perdón.

Ernest Hemingway

PALABRAS

Palabra de hombre, magnífica, inmensa
que duda como bestia, como roca, como bosque.
La palabra encubierta, traicionada
que reflexiona, que interroga, que blasfema
que sucumbe, incordia y embiste.
La palabra grosera
que se escapa con odio.
La palabra desnuda, que se niega
frágil, como duele, ahogada, hecha verbo
en canto, en lamentos
de follaje, de lluvia, de río, de pájaros.
De madre, que perdona, abraza y lucha
de verdad, del niño que vuela, de ave.

De Los puentes que dejamos al pasar, 2015, NACE. España

ARCÁNGELES

Dime Uriel, qué se siente durante tantos siglos.

A veces me pasa como a ti y me entran ganas

de dejarlo todo, no seguir pensando.

El corazón se empecina donde más duele

por los golpes del pasado.

Aprendemos a barajar todas las posibilidades

y miramos los años con despotismo.

No lo digo por alguna extraña razón

porque la razón cuando menos es extraña.

Total, cualquier familia tiene un condenado

lleno de cicatrices que deforma la realidad de los sueños.

Nunca nos conocemos lo suficiente.

No es nada afortunado llevar el rostro prestado

o impuesto por un horóscopo civil.

La realidad es que todos somos piezas difíciles de encajar.

Uriel, tú que eres el fuego de la vida

y llevas la cuenta de los actos o sentimientos

no olvides que el Minotauro también come carne humana.

Te nombraría con tantos nombres que he amado.

Te he amado en tantos sitios que por pudor no nombraría.

Tú, en el cuerpo amado de Lázaro.

Sí, ya sé, hay muchos lázaros

pero tú llevas la cuenta de los actos y pensamientos.

No es de ocioso enmendar las ilusiones remotas

es decir rotas.

La edad limpia los linderos, la corriente arrastra

y la noche nos enseña las cosas más terribles.

De Los puentes que dejamos al pasar, 2015, NACE. España

PERSONALIDAD

A Carmen Pilar

No escondas esos dientes que tanto amo
delatan el inocente aleteo de mariposas
donde tropiezan las miradas y esquivan
inocentemente, trenes recorridos
del pasado tan imperfecto, como el odio
para luego no saber nada más de su filo.

Ama esos dientes que tanto escondes
tan plácidas alas de albatros sin retorno.
Por Dios, no cambies los surcos del destino
hay que estar muy loco, vaciar el océano
cruzando la sangre del faro sin tu silencio
en noches donde la ausencia arranca la vida.

No escondas esos dientes que tanto amo
es el brillo ameno de tu barcaza, la proa
marquesina a medio abrir, de una mañana
de ida y vuelta, perpleja, saltando obeliscos
una y otra vez, en busca de luz o sombra,
el clamor apilado del poeta, sin amparo.

De Los puentes que dejamos al pasar, 2015, NACE. España

LAS CALLES DE MI PUEBLO

> Mirar el río hecho de tiempo y agua
> y recordar que el tiempo es otro río,
> saber que nos perdemos como el río
> y que los rostros pasan como el agua.
>
> Jorge Luis Borges

Todas las calles de mi pueblo

tienen ese raro contraste

entre una cara feliz

y una espalda muy triste.

Una tristeza amarga, profunda

con todas las cuchilladas

que le hemos dado

cada uno

cuando la abandonamos.

De Los puentes que dejamos al pasar, 2015, NACE. España

KAFKA

He visto como un buitre le picotea los pies

sin aparecer ningún señor que apunte

con una escopeta a sus angustias y miedos.

Ese cuerpecillo sin aire de peces, falto de adioses

lleva una silla como milagro tatuada a su cuerpo.

Está esperando, no sé a qué espera.

Cuando se tiene la mirada hueca

y tuberculosis hasta en los huesos

no hay nada que esperar.

Nadie lo conoce en el Sanatorio de Viena

ni en los balcones del estanque.

Tan solo embarga la danza de muchachas al lienzo.

Hay mucho frío y está solo, pobrecito, sin espejos.

Quise leerle mis relatos pero tenía la vista

en un mundo distante muy superior al mío.

Jamás ha podido coleccionar distancias hondas

o pactos con la vida que delaten los truenos del destino.

Tampoco es Gregorio Samsa.

Más bien un muerto sin flores esparciendo la lluvia

donde vaciar lejanías.

Sus manuscritos permanecen en la casita número 22

detrás del Castillo, en la calle dorada, de la eterna Praga.

Las últimas voluntades siempre se incumplen.

Para eso son las últimas. Los puentes imaginarios.

Ya se encargará Max Brod de pintar melodías

y enamorarnos.

De Los puentes que dejamos al pasar, 2015, NACE. España

EL SUICIDA

A Patrick Dewaere, actor francés

Donde había una cabeza bien pensante
ahora hay un orificio entre un montón de huesos
por donde entran y salen gritos de mujeres
mujeres de antes
horrorizadas por tanto olvido sin recuerdos.
Los vacíos que dejamos en la vida.

Era una hermosísima cabeza de actor en el cine francés
de cuando se empalizaban salas en cualquier esquina.
Y uno se asoma a ese agujero como a una ventana
para ver a toda esa gente que entra y sale.
Los dioses celan nuestros gozos
y los truncan
sin apenas despedirnos.

El suicidio es uno de esos tantos fracasos:
cuando queda en intento lo es de la muerte
y si se efectúa, es de la vida.

De Los puentes que dejamos al pasar, 2015, NACE. España

FRAGILIDAD

A Romy Schneider, actriz francesa

Un bolígrafo en el suelo, una carta inacabada
y una botella de vino vacía.
Así terminó, como termina a ratos la tristeza.
Si no hay júbilo tras la muerte, entonces,
para qué sirve la poesía.
La juventud ve la vida muy larga
y no promete calendas griegas.
No sé si por tantas locuras con historias aprendidas
cuando nos situamos en el centro del huracán.
Al final, cada uno sabe cómo aplaca el deseo
de otros tiempos, de cuando un reloj
medio loco andaba de manecillas
perdiendo su virginidad.
Ningún hijo muere desangrado
hasta cruzar la línea húmeda
diez meses después
donde conduce a todos, a ratos,
la tristeza.

De Los puentes que dejamos al pasar, 2015, NACE. España

EL HUMO CON SUS VOLUTAS

Éramos treinta y tres los que pagamos un franco

el veintiocho de diciembre de mil ochocientos noventa y ocho.

Fue en el Boulevard des Capucines, de París.

Meliés a mi derecha maquinaba los trenes del futuro

y se frotaba las manos como si tuviera frío.

Le delataba ese extraño rictus del que descubre las minas de oro.

Afuera nevaba tan copiosamente que descorchábamos champán

y en su lugar salían fuegos de artificio.

Mientras, Charles Chaplin era tan sólo un niño con hambre

en los viejos barrios de Londres.

El mundo se acostumbró pronto a las salas oscuras

donde hemos hecho tanto, de todo

hasta los frutos menos ciertos.

Por sus pantallas han salido más estrellas

que en todo el Universo expandido por agujeros profundos.

Hoy, hasta las esquinas tienen sal

y detrás de los sueños amanece el egoísmo.

Sus herederos no saben inventar más festivales

que los hagan menos ciertos.

Ni saben hacia donde van las volutas del humo

y andan secando la historia con absorbentes.

De Los puentes que dejamos al pasar, 2015, NACE. España

MI CANTANTE DE BOLEROS

Yo fui el asesino inconfeso de los Marqueses de Urquijo

cuando formé en aquellas bandas de rock.

Buscaba la esencia de mi poesía.

Lo prometo, sólo por ser diferente antes y ahora.

Rebeldías de la adolescencia. Crear tu identidad.

Me convertí al taoísmo
siguiendo a una cantante en las madrugadas.
Era fea pero cantaba como los ángeles
cuando ya me había bebido tres cuartos de botella.
Se esfumaba con el amanecer
y me dejaba entre miles de colillas
cuando ya mis pasos no encontraban
ni la puerta de salida.
Entre el taoísmo y el sintoísmo no alerté ninguna poesía.
Todos los poetas riegan sus raíces y yo andaba muy lejos
más que de mi sombra.
Proverbios, anécdotas y traiciones, sí.
Sumé tantas peregrinaciones al Taj Mahal
en la India y la gran sinagoga en Jerusalén
como ascensos tuve al Everest.
Rezos en Stonehenge
las siete vueltas al Machu Picchu, La Esfinge
el Angkor Wat, al agrado de los dioses.
Las oportunidades existen, uno es el artífice.
Escribí sonetos místicos, elegías proféticas.
Neologismos de toda suerte.
Tarot de otro lado. La verdadera filosofía.

Hurgué entre las diez mil religiones

de este mundo tras el calor del invierno.

Me confundieron las doctrinas en tantas lenguas

hasta hacerme un harakiri.

Frustrado volví al marxismo

buscando a mi cantante gorda y fea

cuando ambas ya eran otra cosa

y ninguna servía para nada

sin detenerme dentro de mí.

Por eso reclamo la condición de asesino

inmortalizar un poema.

Un crimen no paga billetes de vuelta

ni siquiera aguas.

Toda la vida cabe en un bolero.

De Los puentes que dejamos al pasar, 2015, NACE. España

LOS PUENTES QUE DEJAMOS AL PASAR

Nunca seremos lluvia
como espejo ignoto.
Un espejo es luz de imagen
y canta entreabierto a la distancia.

Una cosa es el mar
en la palma de la mano
cuando pide un deseo
sin la corteza del incienso.

Otra cosa es el barro
de la gota al caer
y míralas como lloran
el tiempo de la nube.

Más, nunca seremos
solo pájaros
inundando lo que alcanza
más serenos que la lluvia.

Por eso diluimos esos pocos
-inconscientemente-
como los puentes
que dejamos al pasar.

De Los puentes que dejamos al pasar, 2015, NACE. España

EXILIOS

En el 75 aniversario de la muerte de Antonio Machado

Tu exilio no es solo tuyo, es el dolor

de todos los amantes de la poesía.

Poesía bebida en ese arcoíris

donde frenéticamente nos dejas marcado.

Lejos de encinares y limoneros te fuiste

camino adelante, haciendo camino.

El exilio nunca ha sido voluntario.

Lo sabemos. Por eso marchamos

en busca de una luz que nos cobije.

Más allá de ideologías siempre estará el poeta.

Hablemos, pues, por los otros

por aquellos

que desconocen las palabras necesarias,

la palabra precisa

y quedan, apenas,

balbuceando.

De Los puentes que dejamos al pasar, 2015, NACE. España

Mira cuántas cartas hay a tu alrededor
y las que se dejaron sin escribir
o nunca llegaron a su destino.

COMO AMANTES

Y quedamos tendidos boca arriba

como dos amantes extenuados, fatigosos,

no mirábamos ningún techo,

así cabe pensar,

sino un cielo extremadamente hermoso

que, desde allá arriba, nos enlazaba

en esta historia

y no merecía tenernos

tirados en una zanja

tú, con tres balazos

y yo, con dos.

De Autores en La Palma, La Gueldera, 2016. España.

TESTIMONIO DEL SOLDADO DESERTOR

A los estigmatizados y humillados de por vida

Un día me negué a que el fuego ardiera por el resto de mi vida.

Y fui olvidado, como se olvida tarde o temprano a los héroes.

No es posible latir, como otro madero cualquiera, sin ritmo

o mejor digo, con el mismo ritmo de otro madero cualquiera.

Primero amanecemos en el brocal para luego tallar los tuétanos

donde los pinos inventan su mito entre tanto ruido.

Una razón se sienta tras el eterno cadalso

donde nadie pregunta, ni se explica.

Las razones no mueren en los cementerios,

reclaman

la techumbre por donde escapar del silencio.

He dormido en barracones, en el suelo,

entre tantos otros

apilados en hogueras, cuerpo con cuerpo, por frío.

Y nos saltamos la penitencia

en aquellos campos olvidados por los sueños.

No por ello fuimos héroes, ni mártires,

cada adversidad reta un nuevo milagro.

Solo inocentes.

Y ofrendamos nombres a náufragos cotidianos

y aceptamos como fósiles las derrotas

entre amigos que se ocultan y se privan

y alguna vez recuerdan

el regreso a donde nada queda por hacer.

De Abra de panes y peces, Editorial Rio Bravo Publishing, 2016. Estados Unidos.

AL RECLAMO DEL POETA

A André Cruchaga

Qué pilares arrimarán esas vigas desnudas para que cada despedida pierda sus pasos.

Rotas las uñas por escarbar en el hambre ni escucho el bullicio de los imposibles.

Apenas serán suficientes las esquinas del agua donde recaba el llanto noble del tiempo.

Expiremos surcos que evidencian este peregrinar.

Si pecamos en nombre de malditos poetas, acerquémonos a la fécula de los signos.

Que nadie reclame más pautas de sí mismo, incapaz de reconocerse entre palabras.

Uno no sabe, tan solo cohabita la lluvia donde naufraga incrustando la espera.

Uno cree que el misterio se escuda por apéndices o la ponzoña del hielo.

En realidad apenas alumbra algún rescoldo entre estantes sin noches.

Nada más cierto que la zozobra de las palabras evadiendo esta suerte de entuerto.

No sólo hay puertas por desandar

también algún tatuaje que se precie al deseoso albedrío de acantilados

y de tarde en tarde, zambulle sus cantos agoreros por donde extraviamos la memoria.

De Abra de panes y peces, Editorial Rio Bravo Publishing, 2016. Estados Unidos.

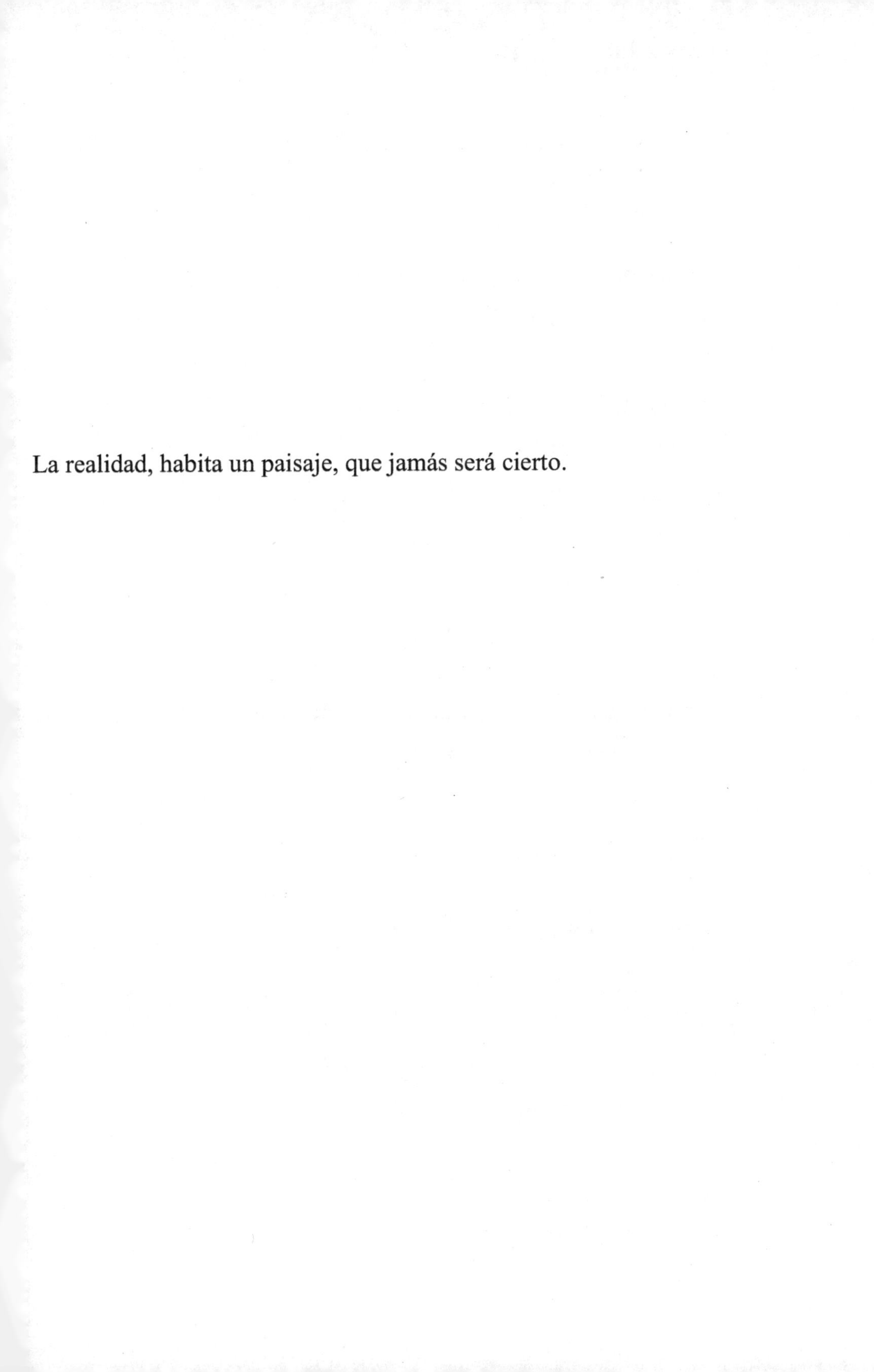

La realidad, habita un paisaje, que jamás será cierto.

SEMBRAR EL AIRE

Escucha la música de esta Madre, escúchala.
Cómo germina su canto inocente a la llovizna,
su río vertical de agua transparente y mágica
infatigable, desnuda, sin palabras
entre el beso y una flor.

Apenas abre sus manos, brotan palomas
cortesanas laboriosas, sembrando el aire
con esquirlas, en busca del barco de papel.
Pan de los sueños eternos
del hombre y su andar.

Si estamos condenados a beber de su vientre
si somos rebaños trashumantes negados al llanto,
qué le hacemos al mar de nuestras raíces.
Bordemos, pues, las mejores sábanas a la cuna
donde venimos a nacer y morir.

El mundo no vaga por suerte de náufragos.
Si somos mil respuestas a la pregunta
y la sed no entiende de ratos perdidos,
por qué ignoramos la fiebre agonizante
del perfecto mimo a nuestros adentros.

Tierra, hogar, madre, árbol bendito
no somos aves de rapiña para sacarte las entrañas.
La rapiña es puro invento. Bórralo.

Solo aves, únicamente motas,
ingrávidas ralladuras de limón.

De Hispanic Culture, 2017.Estados Unidos.

Los conceptos se anquilosan, mientras anidamos el eco del silencio.

CON EL PERDÓN DE LOS CERDOS

A esa hora en que mi madre se partía de dolor
rodearon la casa y el barrio, todo el País
fue incendiado como se incendia la fiebre.
Me subieron a un camión como a tantos otros
desnudos de futuro. Ya no me llamé nunca más
por mi nombre ni nadie me llamó
sólo tenía un número largo como la carretera
donde íbamos, mejor dicho,
por donde nos llevaban: éramos cerdos
con un número por tatuaje
y una carretera oscura en plena noche.

De Testigo de otro reino, NACE, 2017. España.

ÉL Y YO

Cuántas cosas nos separan, amigo Rimbaud, de aquel gozo cuando nos conocimos sin nada en común. Aquella noche llovía y nos cobijamos bajo un portal. Cansados de mirar afuera, de ver esa cortina desprendida desde allá arriba, de la calle llena, de agua, agolpándose cuando cae, corre y se pierde. Y nosotros allí, mirándonos a hurtadillas; estudiando el terreno, sin más motivo. Así creció nuestra admiración. Sólo tenía un paraguas y no podía dejarte, con hambre, con frío, viendo caer la lluvia tan amarga, cuando se tiene hambre y frío. Te cogí en brazos, te puse a mi hombro, abrí el paraguas y te traje a casa. Desde entonces, cuántas cosas nos han unido.

De Testigo de otro reino, NACE, 2017. España.

LOS MUERTOS INVISIBLES

Pasa el tren de los cien vagones
con cuerpos silentes.
No precisa controles fronterizos
viene del sur.
Nadie les dice adiós
nadie los conoce
y nadie los reconocerá.

De Testigo de otro reino, NACE, 2017. España.

BRINDIS POR EL AMIGO EN SU CUMPLEAÑOS

Amigo, cuántas veces has pasado este día sin saber que es tu cumpleaños.

Ahí, donde te tienen, nadie conoce, nadie respira. Solo tú respiras y conoces

la humedad, la fiel compañera a quién le acaricias los pezones

mientras te envuelve y arrulla clavando su huella como al campo trillado

por donde huíamos entonces.

Y te resistes a callar las verdades que todos creemos

aunque nades contra trigales ajenos.

No nos juzgues mal, no traicionamos aquel juramento

ni ningún otro.

Solo somos cobardes y por cobardes disfrutamos

de este sol en esta playa

donde todavía algunos recordamos tu cumpleaños.

De Testigo de otro reino, NACE, 2017. España.

CERROJOS

A la primera libertad, mitad pájaro
y mitad liebre,
le quitamos hasta la sed.

No es lo mismo luz que hilillo en su credo
ni entrar llaves de azafrán
en cerrojos ardiendo.

Un milagro se precia enigma o cómplice
cuando gritan sus raíces.
Más, nadie tiene toda la vida con sus orígenes
ni este silencio en medio del quejido
por el vaivén de los siglos.

De Testigo de otro reino, NACE, 2017. España.

EN UN BAR

Un día te barrenarás la rutina
y te sentarás solo
frente a una botella,
un molusco
o un espejo.
Da igual.
Para volver a uno mismo,
da igual.
Y te acariciarás el sexo
o la barbilla
hurgando los intentos,
las ruinas
que vomitas
hasta lo que has llegado.

De Testigo de otro reino, NACE, 2017. España.

DESAYUNO SIN DIAMANTES

Para desayunar frente a un cuerpo

muerto y desnudo

no hace falta ser héroe o parte de esa historia

sólo cuenta que estás ahí en el papel

de celador, sin más remedio.

Hurgar a donde vuelan los fantasmas

no es ningún escape de la realidad

sino la propia faena del barro

comienzas a meditar que nada es tan exacto

como nos enseñaron en la escuela.

Que las integrales fueron garabatos

para no pensar en cosas más importantes.

Que es puro cuento aprender

las conjugaciones del verbo

cuando tienes un cuerpo delante

y poco importa verlo desnudo.

Y comprendes lo cruel que has sido

porque te mira fijamente

y no le brindas ni una taza

de café caliente.

De Testigo de otro reino, NACE, 2017. España.

LA BALADA DEL ESTRECHO

No hay que estar demente para tirar los hijos al mar.

Esas alas de criatura, pobrecitos

barcos que van y vuelven y van

y extravían en círculos la espera

sin saberse libres de cautividad.

Nadie comprende el sacrificio de vivir

con las trampas intactas

y levantarse donde los pinos

inventan su mito y la música vieja.

De amigos que se ocultan y se privan

y alguna vez recuerdan

dónde removimos luces sedientas.

Historias de antes, de siempre

de pequeños, de toda una vida.

Ahora que ya no quedan refugios

ni insectos jugando a las escondidas.

Levanto la mano derecha sin pedir la palabra

para romper el dolor del hombre y hacerlo mío.

Tal vez haya algo, pero nunca sabremos

cómo será el fin del eterno cielo

sobre un pueblo, gramo de simiente

ripio cansado de esperar.

Somos el sonido de las aguas acumuladas

donde entona una balada a lo lejos

las maneras de estrechar otros cuerpos.

Y ofrendamos nombres a los náufragos cotidianos

tan frágiles para que suenen sobre todas las cosas

perdidos entre los pasos de nuestro tiempo

sin el ángel de la tregua.

El límite atemoriza por este estrecho interminable

y enloquece algo la historia

hasta el fin de los exilios.

De Testigo de otro reino, NACE, 2017. España.

PIEDRA

Desde ti reposan los significados del olvido
enorme peñasco de tránsito animal
desproporcionado y portentoso,
colgado al vacío,
sobre cosas que no comprende la razón.
Ante ti hay que ser montañero
tanto escalador como intrépido cazador
ansias de tallarte con hacha en la mano.

Y sin embargo,
amaneces mustio de arena seca,
cuerpo de agua
vuelto hacia el otro lado.

De Testigo de otro reino, NACE, 2017. España.

ESPIGA DE TRIGO

Un puñado de charcos es el olvido
Félix Francisco Casanova

La muerte, poeta, no existe, cuando sabes amarla

jubileo en éste promiscuo oficio, de ecos

donde habitan elegidos, agujeros y sombras.

El cansancio del azahar es antídoto o grafito molido

casi aguas, tenue, vegetal, olvidado al borde de todo

por nuestros pasos y sueño. Eso, mucho sueño

sin palabras.

De Félix Francisco Casanova. In memoria, La Gueldera, 2017. España.

Nuestros ojos recuerdan la claridad del sol y espacios oníricos 'debajo de los portales del Niágara' en poetas como Juan Calero Rodríguez. Comparo a este 'testigo de otro reino', con Solzhenitsyn, respetando en cada uno sus tiempos y sus mundos literarios que siguen la medida del existir. Un tiempo vertical que convierte al 'pasajero sin oficio' en balsero de la vida entre su país de origen y las islas canarias.

He aquí las 'palabras del balsero'. Este libro es un canto a la vida, con la interpretación que hace el poeta salvadoreño André Cruchaga en su prólogo sobre la total obra del autor de esta, sin pretender ser antología personal, sólo un puñado de poemas arrojados a 'los puentes que dejamos al pasar', como selección exclusiva para una inminente gira por el Cono Sur de 'Nuestra América', como dijera José Martí.

He aquí un hermoso resumen de una etapa creadora en la vida de Juan Calero Rodríguez. Gratitud eterna para este hijo mío de la poesía, un regalo de Dios en mis años postreros.

Elena Muñoz de Latorre
(Escritora, poeta y comentarista literaria chilena).